Expedición MACONDO

Expedición MACONDO

Irene Vasco

Ilustraciones de
Rafael Yockteng

Sudamericana

Para que Emiliano, Jerónimo, Abril, Benjamín, Antonio, Samuel, Luana, Irene, Miranda y todos los niños colombianos encuentren su propio Macondo

Contenido

La fundación de Macondo 13

La liberación de los pájaros 15

Los almendros 17

Los hermanos Buendía 19

La vejez de un patriarca 20

La caravana de los gitanos 23

Melquíades, el gitano 25

La casa grande 27

La pianola 28

El laboratorio 31

Francisco el Hombre 32

La fiebre del insomnio 35

El retorno de José Arcadio 36

La guerra 38

El coronel Aureliano Buendía 40

La prueba divina 43

Los preparativos para la muerte de Amaranta 44

La vejez de Úrsula 47

Las sábanas voladoras de Remedios, la bella 48

El tren 51

La lluvia 52

Glosario 58

Hace ya más de medio siglo, cuando yo era niña, pasaba horas y horas acompañando a mi abuela. "¡Qué aburrido!", podrías pensar. Pues era muy divertido. Mejor dicho, era increíblemente divertido. Había pocos programas en la televisión y aún no se habían inventado las tabletas, los computadores ni los celulares. Entonces la abuela Zaza y yo pasábamos horas jugando estrella china y conversando. Ella ponía las palabras. Yo escuchaba cada una de las maravillosas y apasionantes historias que me contaba.

La abuela hablaba de dragones voladores que habían pasado por su pueblo persiguiendo cometas; contaba sobre el cinematógrafo al aire libre de donde saltaban a la plaza trenes repletos de animales; me enseñaba palabras mágicas para que mis deseos se cumplieran. A veces yo le creía, a veces no.

Algo parecido nos cuenta Gabriel García Márquez, el escritor colombiano que en 1982 recibió el Premio Nobel de Literatura y que murió el 17 de abril de 2014. En las entrevistas solía decir que su libro más conocido, *Cien años de soledad*, nació de los relatos de su abuela.

Hoy, a través de unos pocos fragmentos de *Cien años de soledad* hermosamente ilustrados por el artista Rafael Yockteng, te llevaré de paseo por algunos de los lugares míticos y te presentaré los más entrañables personajes del libro con la seguridad de que pronto estarás leyendo, solo o acompañado, la obra completa. Esta será una aventura tan asombrosa que querrás repetirla una y otra vez.

Algunas de las palabras que usa Gabriel García Márquez en su obra no son tan comunes. La selección del vocabulario hace parte de su originalidad como escritor. Para acompañarte en este descubrimiento literario, al final del libro encontrarás un pequeño glosario por si encuentras alguna palabra que no conozcas.

Te deseo la mejor de las lecturas.

Con cariño,

Irene Vasco

EL ÁRBOL GENEALÓGICO

Para comenzar, es bueno conocer a la familia Buendía, protagonista de *Cien años de soledad*, que repite sus nombres a través de las generaciones y nos confunde de vez en cuando. Es como un rompecabezas de Aurelianos, José Arcadios, Úrsulas, Amarantas y Remedios a lo largo de muchos años.

Pregunta por aquí y por allá en tu propia familia. ¿Cuántos Gustavos, Marías o nombres por el estilo se han multiplicado de generación en generación?

¿Algunos de tus apellidos son repetidos, por ejemplo Muñoz Muñoz? Es posible que en tu familia, así como en la familia Buendía, haya primos casados entre sí. Es más frecuente de lo que algunos imaginan. En *Cien años de soledad* muchos de los personajes se casan con sus parientes. Al principio parecen muy felices, pero luego se preocupan porque creen que cuando tengan hijos estos pueden nacer con cola de cerdo.

¿Crees que algo así es posible? Si lees el libro completo, al final lo averiguarás.

En este rompecabezas de Buendías no solo los nombres se repiten. Lo mismo sucede con el carácter de los personajes. Las distintas generaciones heredan las particularidades de sus mayores. Los alegres tienen herederos alegres. Los furiosos tienen herederos furiosos. Los tercos tienen herederos tercos.

Y tú, ¿te pareces a alguien de tu familia?

Gabriel García Márquez describe algunas de las peculiaridades que se repiten, y se repiten, y se repiten entre hijos, nietos, bisnietos y tataranietos de la siguiente manera:

> Con la temeridad atroz con que José Arcadio Buendía atravesó la sierra para fundar a Macondo, con el orgullo ciego con que el coronel Aureliano Buendía promovió sus guerras inútiles, con la tenacidad insensata con que Úrsula aseguró la supervivencia de la **estirpe...**

La primera vez que leí *Cien años de soledad*, yo acababa de cumplir quince años. El libro había sido publicado algunos meses atrás. Mis padres me lo dieron de regalo de Navidad y lo devoré durante las vacaciones en Tolú, que por entonces era un pequeño poblado de pescadores. Mis primos se molestaban porque en vez de jugar, yo solo quería leer. Pero es que Macondo, donde se desarrolla la vida de la familia Buendía, era igual a Tolú y a sus personajes. Desde entonces mi Macondo queda en Tolú. Cada uno de nosotros encuentra su propio Macondo desde que García Márquez nos describió el suyo.

¿Te gustaría fundar tu propia ciudad? ¿Qué nombre le pondrías? ¿Dónde te gustaría que estuviera? ¿En las montañas, cerca al mar, a la orilla de un río? No lo olvides: es indispensable que haya agua fresca. Un buen fundador debe pensar en cómo se van a alimentar los pobladores, con qué material se construirán las viviendas, qué seguridad tendrá su nueva ciudad y muchos otros detalles.

En una hoja en blanco dibuja un plano de tu poblado y un mapa del lugar donde la fundarías.

LA FUNDACIÓN DE MACONDO

" Macondo era entonces una aldea de veinte casas de barro y **cañabrava** construidas a la orilla de un río de aguas diáfanas que se precipitaban por un lecho de piedras pulidas, blancas y enormes como huevos prehistóricos. El mundo era tan reciente, que muchas cosas carecían de nombre, y para mencionarlas había que señalarlas con el dedo. "

Los fundadores de Macondo fueron José Arcadio Buendía, su esposa Úrsula Iguarán y un grupo de amigos. A lo largo de los años edificaron el pueblo a su manera. Cada uno encontró un oficio y pronto la vida se acomodó. José Arcadio fue una especie de director de orquesta durante su juventud y sus ideas eran tan inteligentes que todos hacían lo que él ordenaba. Uno de sus grandes proyectos fue el de liberar los pájaros que hasta entonces cantaban en las jaulas. Tal vez pensaba que nadie debía estar encarcelado. Tal vez le parecían más bonitos los relojes musicales que los comerciantes llevaron a Macondo.

Gabriel García Márquez no nos cuenta las razones que tuvo José Arcadio para liberar los pájaros. En los buenos libros, los autores permiten que los lectores saquen sus propias conclusiones. Las dudas y los dilemas hacen parte de las lecturas personales. Por mi parte siempre he creído que García Márquez quería demostrar su rechazo a la prisión.

¿Cuál crees que fue el motivo que originó la liberación de los pájaros?
Como ves, José Arcadio Buendía gobernaba tan bien que no tenía dificultades para convencer a sus amigos de que sus ideas eran buenas para todos.
Si pudieras organizar la vida en tu ciudad o en tu pueblo, ¿qué medidas tomarías para que todos los habitantes vivieran mejor? ¿Piensas que todos aceptarían tus ideas? ¿Qué harías para convencerlos?

LA LIBERACIÓN DE LOS PÁJAROS

"José Arcadio Buendía solo se permitió una licencia: la liberación de los pájaros que desde la época de la fundación alegraban el tiempo con sus flautas, y la instalación en su lugar de relojes musicales en todas las casas. Eran unos preciosos relojes de madera labrada que los árabes cambiaban por guacamayas, y que José Arcadio Buendía sincronizó con tanta precisión, que cada media hora el pueblo se alegraba con los acordes progresivos de una misma pieza, hasta alcanzar la culminación de un mediodía exacto y unánime con el valse completo."

¿Alguna vez te has preguntado por los nombres de los árboles de tu ciudad o de tu pueblo? Tal vez conozcas algunos, pero difícilmente alguien recordará quién los sembró.

Te propongo que consigas un cuaderno para pegar hojas, flores y raíces de las plantas que te rodean. Después puedes escribir en cada página lo que averigües: el nombre, el origen, las características, el cuidado.
Pronto serás un experto en la botánica de tu región y podrás contribuir al cuidado de la naturaleza, tal y como lo hizo José Arcadio Buendía cuando fundó Macondo.

Si pudieras comparar tu cuaderno con el de un niño de otra región verías que las especies no son siempre las mismas. Tu colección dependerá del sitio donde vives: tierra caliente, templada, fría, zona húmeda, cafetera, seca…
Con ayuda de tu familia o de tus profesores podríamos hacer un gran álbum de toda Colombia a través de la red. Cada uno contaría sobre los árboles eternos de su región y todos aprenderíamos de todos. ¿Qué te parece esta idea? ¿A José Arcadio Buendía le gustaría?
Algo así fue lo que hicieron José Celestino Mutis y sus colaboradores de la Expedición Botánica en el siglo XVIII. Sería maravilloso repetir esta experiencia varios siglos después, ¿no te parece?

LOS ALMENDROS

"Fue también José Arcadio Buendía quien decidió por esos años que en las calles del pueblo se sembraran **almendros** en vez de acacias, y quien descubrió sin revelarlos nunca los métodos para hacerlos eternos. Muchos años después, cuando Macondo fue un campamento de casas de madera y techos de zinc, todavía perduraban en las calles más antiguas los almendros rotos y polvorientos, aunque nadie sabía entonces quién los había sembrado."

¿Tienes hermanos? Si eres hijo único, por lo menos tienes primos. En la familia Buendía, como en cualquier familia, hay niños. Dos de los hijos de José Arcadio y Úrsula son un nuevo José Arcadio y Aureliano. Más adelante llegará Amaranta… pero esa es otra historia.

Por lo pronto quiero proponerte que escribas un cuento. Es muy fácil… y muy difícil al mismo tiempo. Los escritores a veces creemos que no tenemos ideas. Vemos la página en blanco y no se nos ocurre nada.
Una buena manera para comenzar es que, así como hiciste un álbum de la naturaleza de tu región, hagas un álbum de tus hermanos y tus primos, eso sí con dibujos y descripciones de cada uno.
Así ya tendrías personajes. Cuantos más detalles escribas y dibujes, más interesantes serán tus protagonistas. Después tendrás que inventar algunas aventuras y, claro, pensar en un buen final.
Una idea más: tus personajes pueden comenzar siendo niños, como los hermanos Buendía, y crecer a lo largo del cuento, o de la novela, tal y como hacen José Arcadio y Aureliano en *Cien años de soledad*.

LOS HERMANOS BUENDÍA

"José Arcadio, el mayor de los niños, había cumplido catorce años. Tenía la cabeza cuadrada, el pelo **hirsuto** y el carácter voluntarioso de su padre. Aunque llevaba el mismo impulso de crecimiento y fortaleza física, ya desde entonces era evidente que carecía de imaginación.

Aureliano, el primer ser humano que nació en Macondo, iba a cumplir seis años en marzo. Era silencioso y retraído. Había llorado en el vientre de su madre y nació con los ojos abiertos. Mientras le cortaban el ombligo movía la cabeza de un lado a otro reconociendo las cosas del cuarto, y examinaba el rostro de la gente con una curiosidad sin asombro."

A veces las personas pierden la memoria o enloquecen, en especial los mayores. Llega entonces el tiempo de cuidarlos, tal y como hicieron ellos con sus hijos y con sus padres.

En *Cien años de soledad*, Gabriel García Márquez cuenta cómo los jóvenes fundadores de Macondo, José Arcadio Buendía y Úrsula Iguarán, al principio llenos de vida y de proyectos, van envejeciendo y sufriendo algunas enfermedades, como cualquier ser humano.

Uno de mis fragmentos favoritos del libro es cuando José Arcadio Buendía pierde la razón, rompe todo lo que encuentra a su alcance y lo tienen que amarrar a un árbol. Para consolarlo, Úrsula, su esposa, se dedicó a contarle las historias del pueblo y de los hijos. Le decía que Aureliano se había ido a la guerra. Le hablaba sobre Amaranta, sobre José Arcadio y sobre Rebeca, la bella hija adoptiva.

Para los dos esposos esta fue una hermosa y solidaria manera de acompañarse en la vejez.

¿Quién te cuenta cuentos? ¿Tú se los cuentas a alguien? A través de las narraciones sentimos que alguien nos entiende, que no estamos solos, que alguna persona se parece a nosotros. Así que nunca dejes de contar. Pide siempre que te cuenten. Así te sentirás con alguien a tu lado, como Úrsula y José Arcadio.

LA VEJEZ DE UN PATRIARCA

"Se necesitaron diez hombres para tumbarlo, catorce para amarrarlo, veinte para arrastrarlo hasta el castaño del patio, donde lo dejaron atado, ladrando en lengua extraña y echando **espumarajos** verdes por la boca. Cuando llegaron Úrsula y Amaranta todavía estaba atado de pies y manos al tronco del castaño, empapado de lluvia y en un estado de inocencia total. Le hablaron, y él las miró sin reconocerlas y les dijo algo incomprensible."

Hace tiempo la vida cotidiana de los pueblos se agitaba con la llegada de circos, gitanos, cinematógrafos y vendedores ambulantes. Los visitantes llegaban con novedades y los pobladores se asombraban con lo desconocido. De cuando en cuando algún forastero se quedaba a vivir en el pueblo. Otras veces un habitante se iba con el grupo.

¿Has oído alguna vez de algún familiar tuyo que haya vivido una experiencia parecida?
Hojea un álbum de fotografías y pregunta por bisabuelos y abuelos. Los verás con ropas extrañas. También verás interesantes escenarios: estaciones de tren que hace tiempo desaparecieron, paseos a los ríos que se secaron, cocinas con estufas de carbón, por ejemplo. Averiguar sobre las antiguas historias familiares puede ser tan apasionante como leer una novela o ver una película.

LA CARAVANA DE LOS GITANOS

"Todos los años, por el mes de marzo, una familia de gitanos desarrapados plantaba su carpa cerca de la aldea, y con un grande alboroto de pitos y timbales daban a conocer los nuevos inventos. Primero llevaron el imán. Un gitano corpulento, de barba montaraz y manos de gorrión, que se presentó con el nombre de Melquíades, hizo una truculenta demostración pública de lo que él mismo llamaba la octava maravilla de los sabios **alquimistas** de Macedonia. Fue de casa en casa arrastrando dos lingotes metálicos, y todo el mundo se espantó al ver que los calderos, las pailas, las tenazas y los **anafes** se caían de su sitio..."

22

no de los protagonistas más inquietantes y fantásticos de *Cien años de soledad* es Melquíades, el gitano sabio. Lee la descripción que encontrarás más abajo antes de continuar.

Ahora ya que terminaste de leer, crea tu propio personaje. No olvides ponerle un nombre fuera de lo común e inventarle una historia completa: ¿dónde nació?, ¿cuál es su edad?, ¿cómo se viste?, ¿qué le gusta y qué le disgusta?, ¿para dónde va?, ¿quiénes son sus amigos… o sus enemigos?

Recuerda que puede tratarse de una mujer, de un niño o de una persona adulta. Lo importante es que sea muy interesante para que todos quieran conocer sus aventuras.

Si dibujas a tu personaje y sus aventuras podrás hacer también una película. En la red hay programas gratuitos y fáciles de usar para crear una secuencia de imágenes y animarlas. Las voces y los efectos de sonido se pueden grabar en tu computador. Una vez hayas editado tu película, la puedes subir a la red para que el mundo entero vea tu creación. ¿No te parece fantástico? Melquíades estaría orgulloso de ver tus inventos.

MELQUÍADES, EL GITANO

"Aquel ser prodigioso que decía poseer las claves de Nostradamus, era un hombre lúgubre, envuelto en un aura triste, con una mirada asiática que parecía conocer el otro lado de las cosas. Usaba un sombrero grande y negro, como las alas extendidas de un cuervo, y un chaleco de terciopelo patinado por el verdín de los siglos. Pero a pesar de su inmensa sabiduría y de su ámbito misterioso, tenía un peso humano, una condición terrestre que lo mantenía enredado en los minúsculos problemas de la vida cotidiana. Se quejaba de dolencias de viejo, sufría por los más insignificantes percances económicos y había dejado de reír desde hacía mucho tiempo, porque el **escorbuto** le había arrancado los dientes."

Gabriel García Márquez vivió su niñez y su juventud en pueblos de la costa atlántica colombiana. En estos calurosos lugares es necesario buscar sombra debajo de los árboles y refugiarse en los corredores aireados para refrescarse. En muchos de los pueblos hay espacio suficiente para que la gente viva en casas amplias, con solares donde se cultivan huertas, frutales y bellas flores.

La vida social de las pequeñas ciudades ayuda a mantener los lazos entre unos y otros. Familias enteras participan de las fiestas patronales, los carnavales o los eventos que se programan colectivamente. A la caída de la tarde la gente se sienta en los andenes y en las terrazas y todos conversan y se saludan. Los niños juegan en las calles, las madres comparten recetas, los mayores narran las antiguas tradiciones. En estos pequeños poblados con frecuencia se organizan bailes para que los jóvenes se conozcan, se enamoren y se casen. Por supuesto, siempre hay alguien que toca la guitarra o el tambor y la música regional es escuchada con alegría.

En *Cien años de soledad*, Gabriel García Márquez nos asoma a la casa grande de su abuela en Aracataca, el pueblo donde él nació en 1926. Allí se vivían escenas parecidas. Aunque hayan pasado muchos años las costumbres no han cambiado tanto.

LA CASA GRANDE

"Úrsula se dio cuenta de pronto que la casa se había llenado de gente, que sus hijos estaban a punto de casarse y tener hijos, y que se verían obligados a dispersarse por falta de espacio. Entonces sacó el dinero acumulado en largos años de dura labor, adquirió compromisos con sus clientes, y emprendió la ampliación de la casa. Dispuso que se construyera una sala formal para las visitas, otra más cómoda y fresca para el uso diario, un comedor para una mesa de doce puestos donde se sentara la familia con todos sus invitados; nueve dormitorios con ventanas hacia el patio y un largo corredor protegido del resplandor del mediodía por un jardín de rosas, con un pasamanos para poner macetas de helechos y tiestos de **begonias.**"

¿Una buena fiesta sin música? No, no es posible. Por eso en la casa de los Buendía tuvieron que conseguir una pianola para inaugurar las reformas de la casa grande. La pianola era lo más moderno en equipos de sonido de la época y causaba admiración ver cómo por arte de magia sonaba sin que nadie la tocara.

En los tiempos de los Buendía, los muebles, las telas finas, los enseres de la casa, casi todo se importaba de Europa. Llegaban barcos cargados de mercancías a Barranquilla y de ahí había que transportarlas a los distintos poblados a lomo de mula.

¿Te imaginas una pianola cabalgando en un burrito por sabanas, ríos y montañas? Esta imagen podría ser el tema de un relato al estilo de los de Gabriel García Márquez.

Hoy en día no necesitas pianola ni maestro de danza para organizar una buena fiesta. Con prender un computador tienes todo lo que necesitas: música de todos los estilos y videos con clases de baile. Hasta tú mismo puedes grabar canciones compuestas por ti y publicarlas en la red. Claro que tener a un maestro particular como Pietro Crespi, el profesor que llegó de Italia a enseñarle a bailar a las jóvenes Amaranta y Rebeca Buendía, podría ser mucho más interesante y divertido.

LA PIANOLA

"La casa nueva, blanca como una paloma, fue estrenada con un baile. Había encargado costosos **menesteres** para la decoración y el servicio, y el invento maravilloso que había de suscitar el asombro del pueblo y el júbilo de la juventud: la pianola. La llevaron a pedazos, empacada en varios cajones. La casa importadora envió por su cuenta un experto italiano, Pietro Crespi, para que armara y afinara la pianola, instruyera a los compradores en su manejo y los enseñara a bailar la música de moda impresa en seis rollos de papel."

La gran diferencia entre los humanos y los animales es la capacidad de imaginar y de poner en palabras las ideas y las emociones. Gracias a esto, los hombres siempre están observando, ensayando, experimentando, preguntándose y buscando respuestas.

Una actitud experimental así fue la que movió al viejo José Arcadio Buendía, y luego a algunos de sus hijos, a atravesar puentes entre lo que es y lo que puede ser, en el laboratorio heredado del gitano Melquíades.

Con increíble y obsesiva paciencia, muchos de los Buendía, desde el primero hasta el último, se encerraban durante años en este mágico lugar de la casa grande, a donde pocos, en especial las mujeres, podían entrar.

Sí, tal como lo lees. Solo los hombres eran considerados con inteligencia suficiente para trabajar en laboratorios científicos. ¡Como si la cocina no fuera el magnífico laboratorio donde se transforma la materia! Las mujeres eran las dueñas y amas de la cocina. Allí no entraban los hombres sino a comer lo que las madres, las esposas y las hijas preparaban para ellos.

EL LABORATORIO

El rudimentario laboratorio —sin contar una profusión de cazuelas, embudos, retortas, filtros y coladores— estaba compuesto por un **atanor** primitivo, una **probeta** de cristal de cuello largo y angosto, imitación del huevo filosófico, y un destilador construido por los propios gitanos según las descripciones modernas del **alambique** de tres brazos de María la Judía. Además de estas cosas, Melquíades dejó muestras de los siete metales correspondientes a los siete planetas, las fórmulas de Moisés y Zósimo para el doblado del oro, y una serie de apuntes y dibujos sobre los procesos del Gran Magisterio, que permitían a quien supiera interpretarlos intentar la fabricación de la piedra filosofal.

31

A través de las narraciones los seres humanos explicamos el mundo, nos entendemos, nos encontramos, le damos significado a la existencia, resolvemos dilemas. Por eso desde que los hombres somos hombres, hemos transmitidos relatos de generación en generación.

Hace tiempo, cuando los medios de comunicación eran limitados, la transmisión era de viva voz. Los mayores eran los encargados de contar las tradiciones a los más jóvenes.

En muchas partes del mundo había contadores de historias, o juglares, que iban de sitio en sitio recopilando noticias, chismes, acontecimientos. Luego los contaban, a veces acompañados de instrumentos musicales, en lugares remotos. En ocasiones las familias se enteraban de los nacimientos o de las muertes de sus parientes meses después de que habían ocurrido, eso sí, si pasaba algún juglar que se hubiera enterado.

En Colombia, muchas personas se han dedicado a narrar los acontecimientos de pueblo en pueblo. El más famoso fue Francisco el Hombre, quien, con su acordeón, recorrió las llanuras de La Guajira durante años y, según cuentan los mayores, los vallenatos nacieron de sus relatos.

FRANCISCO EL HOMBRE

"Meses después volvió Francisco el Hombre, un anciano trotamundos de casi 200 años que pasaba con frecuencia por Macondo divulgando las canciones compuestas por él mismo. En ellas, Francisco el Hombre relataba con detalles minuciosos las noticias ocurridas en los pueblos de su itinerario, desde Manaure hasta los confines de la **ciénaga**, de modo que si alguien tenía un recado que mandar o un acontecimiento que divulgar, le pagaba dos centavos para que lo incluyera en su repertorio. Fue así como se enteró Úrsula de la muerte de su madre, por pura casualidad, una noche que escuchaba las canciones con la esperanza de que dijeran algo de su hijo José Arcadio."

Gabriel García Márquez no se cansa de imaginar situaciones creativas y poéticas como la de la fiebre del insomnio que un día ataca a los pobladores de Macondo. Lo más extraño es que la gente no puede dormir, pero se pasa todo el día y toda la noche soñando. Como si fuera poco, estas personas comienzan a olvidar todo lo de la vida real. Por eso José Arcadio tiene que marcar cada objeto y cada animal para tratar de recordar su uso. ¿Te imaginas lo que pasará el día en que ni siquiera sepan leer o se les olvide el significado de las palabras escritas?

Tú también puedes crear mundos al estilo de García Márquez. Por ejemplo, intenta hacer siluetas de personajes y jugar al teatro de sombras contando tus sueños. También puedes jugar a hacer carteles con los nombres de todo lo que te rodea, y describir para qué sirve y cómo se usa cada objeto, tal y como lo hizo José Arcadio. Verás lo divertido… y difícil que puede ser. Invita a tus hermanos, primos y amigos a ver qué sueños son más interesantes y quién escribe los carteles más ingeniosos.

LA FIEBRE DEL INSOMNIO

"No consiguieron dormir, sino que estuvieron todo el día soñando despiertos. En ese estado de alucinada lucidez no solo veían las imágenes de sus propios sueños, sino que los unos veían las imágenes soñadas por los otros. Era como si la casa se hubiera llenado de visitantes.
Con un **hisopo** entintado José Arcadio marcó cada cosa con su nombre: mesa, silla, reloj, puerta, pared, cama, cacerola.
Esta es la vaca, hay que ordeñarla todas las mañanas para que produzca leche y a la leche hay que hervirla para mezclarla con el café y hacer café con leche."

¿Recuerdas a los dos hermanos Buendía de las primeras páginas? Uno de ellos, el mayor, era José Arcadio.

Cuando era apenas un joven, por Macondo pasó el circo de los gitanos y José Arcadio se fue con ellos sin pedir permiso. Desapareció durante años. Úrsula, su madre, lo esperaba de día y de noche, averiguaba por aquí y por allá, pero nadie le daba razón de su hijo fugado.

Mucho tiempo después, José Arcadio llegó convertido en un hombre tan extraño que ni siquiera Úrsula lo reconoció. Aunque nunca más abandonó Macondo, en adelante tampoco se sintió como parte de la familia. Después de recorrer el mundo y de defenderse por su cuenta, le quedó difícil llevar la vida tranquila de la casa grande.

¿Alguna vez ha llegado a tu casa un pariente, tal vez un tío, una abuela, a quien no veías desde hace tiempo? ¿Te han sorprendido sus cambios? ¿Te has sentido con alguien extraño?

Haz un retrato con palabras de esa persona que un día se fue y luego volvió transformada, tal y como lo hace Gabriel García Márquez con José Arcadio Buendía.

EL RETORNO DE JOSÉ ARCADIO

"Llegaba un hombre descomunal. Sus espaldas cuadradas apenas si cabían por las puertas. Tenía una medallita de la Virgen de los Remedios colgada en el cuello de bisonte, los brazos y el pecho completamente bordados de tatuajes crípticos, y en la muñeca derecha la apretada esclava de cobre de los niños-en-cruz. Tenía el cuero curtido por la sal de la intemperie, el pelo corto y parado como las crines de un mulo, las mandíbulas férreas y la mirada triste. Tenía un cinturón dos veces más grueso que la cincha de un caballo, botas con polainas y espuelas y con los tacones herrados, y su presencia daba la impresión **trepidatoria** de un sacudimiento sísmico."

Colombia ha vivido una guerra entre compatriotas desde hace muchísimos años, más de doscientos dicen los historiadores. Estas luchas, por ser entre ciudadanos de un mismo país, se llaman guerras civiles.

La parte más triste de esta historia colombiana es que con frecuencia personas de un mismo pueblo, hasta de una misma familia, de repente se convierten en enemigos y se hieren y se matan entre ellos. Es triste también que las personas con vidas tranquilas en sus pueblos o en las ciudades, un día se vayan a lugares distantes, desconocidos, a matar a otras personas, a veces sin entender bien los motivos. Eso mismo le sucedió al coronel Aureliano Buendía, el primer ser humano nacido en Macondo. Sin saber cómo ni cuándo, cierta vez decidió que no estaba de acuerdo con el Gobierno y salió con sus mejores amigos a pelear por sus ideales. Parecía un juego de niños. Pero la guerra nunca es un juego y todos terminaron heridos, muertos o perseguidos.

En *Cien años de soledad*, Gabriel García Márquez se detiene largamente en esta guerra entre colombianos. Hace descripciones de situaciones y de personajes que, aunque son de novela, recuerdan hechos de la vida real como la matanza de los trabajadores de las bananeras ocurrida en el siglo XX. Cuando leas estas historias de dolor narradas por García Márquez pide a los mayores que te cuenten sobre los hechos históricos. Si conoces y entiendes lo que pasó podrás pensar en ideas para que la vida de los colombianos sea más pacífica en el futuro.

LA GUERRA

> Al cabo de dieciséis derrotas, el coronel Aureliano Buendía salió de La Guajira con dos mil indígenas bien armados, y la **guarnición** sorprendida durante el sueño abandonó Riohacha. Allí estableció su cuartel general, y proclamó la guerra total contra el régimen.

Uno de los personajes más conocidos de García Márquez es el coronel Aureliano Buendía, hermano de José Arcadio y de Amaranta. Es tan fuerte su carácter que no solo aparece en *Cien años de soledad,* sino en otros libros del mismo autor, por ejemplo en *El coronel no tiene quien le escriba.*

A pesar de que el texto dice que nunca permitió que le tomaran una fotografía, su imagen ha sido recreada por muchos artistas. Incluso ha sido representado por actores en obras de teatro. A veces aparece vestido como un viejo campesino, a veces como un gran general, con uniforme y charreteras.

Personalmente creo que el coronel Aureliano Buendía no sabría representarse a sí mismo. Cambiaba sin parar de ideas, de viviendas, de mujeres, y cuando por fin firmó el tratado de paz para terminar la guerra, se encerró a fabricar pescaditos de oro en el viejo laboratorio de su padre. Ni siquiera Úrsula, su madre, pudo entender nunca quién era este hijo solitario y alejado de la familia que un día murió orinando bajo el mismo árbol del patio donde su padre había vivido durante años.

¿Cómo crees tú que preferiría ser fotografiado el coronel si alguna vez lo permitiera?

EL CORONEL AURELIANO BUENDÍA

"El coronel Aureliano Buendía promovió treinta y dos levantamientos armados y los perdió todos. Tuvo diecisiete hijos varones de diecisiete mujeres distintas, que fueron exterminados uno tras otro en una sola noche, antes de que el mayor cumpliera treinta y cinco años. Escapó a catorce atentados, a setenta y tres emboscadas y a un pelotón de fusilamiento. Sobrevivió a una carga de **estricnina** en el café que habría bastado para matar un caballo. Rechazó la Orden del Mérito que le otorgó el presidente de la república. Llegó a ser comandante general de las fuerzas revolucionarias, con jurisdicción y mando de una frontera a la otra, y el hombre más temido por el gobierno, pero nunca permitió que le tomaran una fotografía."

Así como en *Cien años de soledad* hay episodios dolorosos, también hay situaciones muy, pero muy divertidas como la de la prueba divina.

Imagínate que un día necesitas conseguir dinero para financiar un proyecto. Debes convencer a quienes te rodean de que tus ideas son excelentes y que vale la pena apoyarte. Tendrás que usar tus mejores habilidades para lograrlo. Pues eso mismo tuvo que hacer el padre Nicanor, párroco de Macondo, para convencer a los pobladores de que tenían que dar dinero para construir una iglesia. El padre pedía dinero por aquí y por allá, pero nunca alcanzaba. Un día se le ocurrió que si hacía un milagro la gente le creería y lo apoyaría con más entusiasmo.

Ni corto ni perezoso se ingenió un truco extraordinario y pudo por fin seducir a los vecinos para que le dieran abundantes limosnas.

¿Crees que realmente es posible elevarte unos centímetros del suelo? Tómate sin respirar una taza de chocolate espeso y humeante a ver qué te sucede. Si logras levitar te financiaré cuanto proyecto me presentes.

LA PRUEBA DIVINA

"El muchacho que había ayudado a misa le llevó una taza de chocolate espeso y humeante que él se tomó sin respirar. Luego se limpió los labios con un pañuelo que sacó de la manga, extendió los brazos y cerró los ojos. Entonces el padre Nicanor se elevó doce centímetros sobre el nivel del suelo. Fue un recurso convincente. Anduvo varios días por entre las casas, repitiendo la prueba de la levitación mediante el estímulo del chocolate, mientras el monaguillo recogía tanto dinero en un talego, que en menos de un mes emprendió la construcción del templo."

Los rituales de la muerte son importantes en el mundo entero. Si encuentras en un museo, en un libro o en internet las tumbas de los faraones egipcios que murieron hace miles de años, notarás el cuidado del cuerpo, la riqueza de sus vestidos, la belleza de los sarcófagos. Si vas al cementerio de tu pueblo o de tu ciudad, verás obras de arte religioso que acompañan a los muertos. Gabriel García Márquez describe la Muerte con aspecto de mujer delicada y cariñosa. Es tan amable que le anuncia a Amaranta el momento en que morirá para que tenga tiempo de tejer su propia mortaja.

¿Sabes qué es una mortaja? Es una especie de sábana, a veces en tela burda, a veces en tela fina y bordada, para envolver el cuerpo de un difunto. Las mujeres muy viejas aún tejen mortajas, aunque en esta época ya casi no se usan.

LOS PREPARATIVOS PARA LA MUERTE DE AMARANTA

> En el instante final Amaranta no se sintió frustrada, sino por el contrario liberada de toda amargura, porque la muerte le deparó el privilegio de anunciarse con varios años de anticipación.
> La reconoció en el acto, y no había nada pavoroso en la muerte, porque era una mujer vestida de azul con el cabello largo, de aspecto un poco anticuado.
> La muerte no le dijo cuándo se iba a morir ni si su hora estaba señalada antes que la de Rebeca, sino que le ordenó empezar a tejer su propia mortaja el próximo seis de abril. Le advirtió que había de morir sin dolor, ni miedo, ni amargura, al anochecer del día en que la terminara.

44

Hay quienes dicen que Úrsula es el personaje principal de *Cien años de soledad* pues ella fue una de las fundadoras de Macondo y durante más de un siglo mantuvo la conexión entre los diferentes miembros de su familia a pesar de los desastres que se iban sucediendo a lo largo del tiempo.

En la casa de la familia Buendía siempre hubo comida para la familia y para los forasteros que llegaban al pueblo gracias a la firmeza, paciencia y constancia de Úrsula. Aunque en la época en que transcurre la novela las mujeres se dedicaban al hogar, Úrsula desarrolló un negocio delicioso en el sentido literal de la palabra: una fábrica de caramelos en forma de animalitos de colores que ella misma producía en casa. Sin embargo, hasta esta mujer inteligente fue envejeciendo y perdiendo la autoridad. Sus bisnietos la veían casi como un fantasma que deambulaba de cuarto en cuarto. Ella ni se daba cuenta de las horribles maldades que ellos le hacían.

¿Has vivido cerca de algún anciano? Es posible que haya perdido la memoria o alguna de sus capacidades físicas. Pero en el fondo tendrá guardada la sabiduría y la experiencia acumuladas en su vida y podrás aprender mucho de esta persona. Escucha sus historias, atiende sus consejos. Dicen que el mismo García Márquez expresó que "la muerte no llega con la vejez, sino con el olvido".

LA VEJEZ DE ÚRSULA

"Úrsula era su juguete más entretenido. La tuvieron por una gran muñeca decrépita que llevaban y traían por los rincones, disfrazada con trapos de colores y la cara pintada con hollín y **achiote**, y una vez estuvieron a punto de destriparle los ojos como le hacían a los sapos con las tijeras de podar. Nada les causaba tanto alborozo como sus desvaríos.

Poco a poco fue perdiendo el sentido de la realidad, y confundía el tiempo actual con épocas remotas de su vida.

Tanto habló de la familia, que los niños aprendieron a organizarle visitas imaginarias con seres que no solo habían muerto desde hacía mucho tiempo, sino que habían existido en épocas distintas."

Uno de los pasajes más recordados por los lectores de *Cien años de soledad* es aquel en el que Gabriel García Márquez narra la historia de Remedios, la bella, una hermosísima mujer, nieta del descomunal José Arcadio, bisnieta de Úrsula (¿entiendes lo que mencioné al principio sobre el rompecabezas de nombres en esta familia Buendía?).

A Remedios, la bella, nadie de la familia le ponía atención. Ella tampoco se relacionaba con el resto de la casa. Comía a la hora que sentía hambre y desayunaba a veces a medianoche. Solo los visitantes quedaban extasiados con su perfección.

Era tan pura de sentimientos y emociones que un día comenzó a elevarse y desapareció entre las nubes.

Desde que leí por primera vez este suceso de *Cien años de soledad* no he dejado de preguntarme si Remedios, la bella, seguirá viviendo en el cielo o si habrá aterrizado en otro lugar. García Márquez no nos reveló este secreto.

Tú puedes imaginarte a este personaje viviendo en otro universo donde la gente sea parecida a ella, es decir, que tenga sus propias reglas y no le importe si es de día o de noche para desayunar o dormir.
¿Te gustaría vivir en un universo paralelo así de extraño?

LAS SÁBANAS VOLADORAS DE REMEDIOS, LA BELLA

"Fernanda sintió que un delicado viento de luz le arrancó las sábanas de las manos y las desplegó en toda su amplitud. Amaranta sintió un temblor misterioso en los encajes de sus **pollerinas** y trató de agarrarse de la sábana para no caer, en el instante en que Remedios, la bella, empezaba a elevarse. Úrsula, ya casi ciega, fue la única que tuvo serenidad para identificar la naturaleza de aquel viento irreparable, y dejó las sábanas a merced de la luz, viendo a Remedios, la bella, que le decía adiós con la mano, entre el deslumbrante aleteo de las sábanas que subían con ella."

48

Así como sucedió en Macondo, en el resto de Colombia la vida de los pueblos cambió con los ferrocarriles. En los trenes llegaban personas de distintos lugares con sus costumbres, sus mercancías novedosas, sus innovaciones tecnológicas.

En *Cien años de soledad*, García Márquez nos cuenta sobre la aparición del tren como el principio del fin de una sociedad. Con el tren llegaron los estadounidenses a sembrar gigantescos cultivos de bananos y separaron la pequeña ciudad en dos pueblos diferentes: el de los fundadores y el de los recién llegados, que no podían mezclarse con los nativos.

¿Conoces casos parecidos en otras regiones del país? Las historias deben ser extrañas e interesantes. Por ejemplo, mi abuela me contaba que durante la construcción del ferrocarril en Colombia, a principios del siglo XX, familias enteras participaban en este gran proyecto. Los hombres despejaban la tierra y "sembraban" los rieles. Las mujeres cocinaban, remendaban y lavaban las ropas de sus esposos y cuidaban a los hijos que no podían dejar solos en las casas. Así se creaban pequeños poblados para que la gente durmiera, comiera, se curara de enfermedades y heridas y guardara las herramientas. Cuando un tramo de la carrilera quedaba listo, el pequeño poblado se movía unos kilómetros más adelante. Algunas personas se quedaban en el primer lugar y así nacían los pueblos. ¿Qué tal? ¿Te gustó la historia de mi abuela? Pregunta en tu familia y tendrás muchas más.

EL TREN

"Cuando se restablecieron del desconcierto de los silbatazos y resoplidos, todos los habitantes se echaron a la calle y vieron a Aureliano Triste saludando con la mano desde la locomotora, y vieron hechizados el tren adornado de flores que llegaba con ocho meses de retraso. El inocente tren amarillo que tantas incertidumbres y evidencias, y tantos halagos y **desventuras**, y tantos cambios, calamidades y nostalgias había de llevar a Macondo."

Durante su juventud Gabriel García Márquez vivió en un pueblo llamado Sucre, en el actual departamento de Sucre. Está en una orilla de La Mojana, donde se juntan los grandes ríos Magdalena, Cauca y San Jorge formando una enorme ciénaga, tan grande que parece un mar.

Las aguas de La Mojana crecen cada cierto tiempo, en épocas de lluvia. Las calles, los parques, las casas, todo se inunda. El agua llega hasta los techos y los árboles desaparecen. Para ir de un sitio al otro hay que nadar o llegar en canoa. Donde había caminos, no queda sino agua.

Cuando terminan las lluvias y la tierra se seca, pareciera como si todo se hubiera encogido. Los techos se ven en su lugar, pero las casas parecen de enanitos: hay que agacharse al entrar para no darse golpes en la cabeza. Todo porque los pisos suben de altura a causa de los sedimentos, es decir, los depósitos de tierra húmeda que se van acumulando después de varias temporadas de inundaciones.

LA LLUVIA

" Llovió cuatro años, once meses y dos días. Hubo épocas de llovizna en que todo el mundo se puso sus ropas de pontifical y se compuso una cara de convaleciente para celebrar la escampada, pero pronto se acostumbraron a interpretar las pausas como anuncios de recrudecimiento.

Se desempedraba el cielo en unas tempestades de **estropicio**, y el norte mandaba unos huracanes que desportillaron techos y derribaron paredes, y desenterraron de raíz las últimas cepas de las plantaciones. "

54

Después de este rapidísimo recorrido por *Cien años de soledad* a mi manera, espero que quieras leer la obra completa, también a tu manera, una y muchas veces. Como te conté, devoré esta novela por primera vez a los quince años. Ahora que soy abuela la sigo leyendo y releyendo. Estoy convencida de que jamás me cansaré. En cada repaso encuentro algo nuevo, tan real y tan mágico como la primera vez.

¿Real y mágico? ¿Eso es posible? Por supuesto. Y por si no lo sabías, Gabriel García Márquez es considerado como uno de los escritores más importantes de esta forma de describir al mundo llamada realismo mágico.

Como habrás notado al leer los fragmentos que seleccioné para ti de *Cien años de soledad*, todo es verosímil, es decir, parece verdadero. No importa si la muerte toma forma de mujer, si una joven sube al cielo envuelta en sábanas, si un cura se eleva del suelo después de tomarse una taza de chocolate caliente. Todos lo creemos… sin creerlo.

Suena complicado pero no lo es. Los escritores como García Márquez, juegan con la imaginación y la vida cotidiana, creando una atmósfera un poco misteriosa, un poco alterada, con detalles tan minuciosamente narrados que los aceptamos como indiscutibles dentro de la historia.

Uno de mis ejemplos favoritos de este realismo mágico es el de los huesos de los padres de Rebeca, la hija adoptiva del primer José Arcadio y su esposa Úrsula:

Hasta aquí llegamos hoy en este abrebocas de mi libro favorito de

> "El domingo, en efecto, llegó Rebeca. No tenía más de once años. Había hecho el penoso viaje desde Manaure con unos traficantes de pieles que recibieron el encargo de entregarla junto con una carta en la casa de José Arcadio Buendía, pero que no pudieron explicar con precisión quién era la persona que les había pedido el favor. Todo su equipaje estaba compuesto por el baulito de la ropa, un pequeño mecedor de madera con florecitas de colores pintadas a mano y un talego de lona que hacía un permanente ruido de cloc cloc cloc, donde llevaba los huesos de sus padres."

55

todos los tiempos. Mientras nos volvemos a encontrar para seguir conversando sobre literatura, autores y personajes te hago unas pocas recomendaciones para acompañarte en esta apasionante aventura:

- Si alguna vez te dicen que el personaje principal es Úrsula Iguarán, el coronel Aureliano Buendía o José Arcadio, tienes todo el derecho a decir que a ti te parece que es Amaranta, Melquíades o Remedios, la bella. Cada lector toma sus decisiones.
Además con seguridad tú mismo cambiarás de idea de vez en cuando. Eso me pasa a mí. A veces mi personaje favorito es Fernanda del Carpio, otras veces es Pilar Ternera. Cada lectura me dice algo distinto.
- De la misma manera te recomiendo que desde la primera lectura comiences a buscar tu Macondo. Ya te conté que el mío es Tolú aunque los expertos aseguren que es Aracataca, el lugar de nacimiento de García Márquez. Estés donde estés, viajes a donde viajes, mira bien a tu alrededor a ver si reconoces a alguno de los personajes de *Cien años de soledad*. Allí están, aunque a primera vista no se reconozcan.
Una divertida idea es tener un mapa e ir marcando y anotando cada Macondo que descubras. Pronto tendrás una colección.
- Cuando leas *Cien años de soledad* por primera vez querrás regresar una y otra vez. Puedes hacerlo las veces que quieras, pero te invitamos a que te aventures por el resto de las obras de Gabriel García Márquez. Puedes comenzar con Relato de un náufrago, seguir con *Crónica de una muerte anunciada* y pasar a *El amor en los tiempos del cólera*.

Una vez hayas terminado estos libros vas a querer leer toda la obra de este autor, conocer sobre su vida y sobre el legado que dejó a la humanidad. Leer a García Márquez será un placer para toda la vida.

Esta vez te deseo la más feliz de las lecturas de *Cien años de soledad*.

Con mucho cariño para ti y todo mi agradecimiento a Gabriel García Márquez,

Irene Vasco

GLOSARIO

ESTIRPE: Los hijos de los hijos de los hijos de los hijos forman una estirpe. Aunque no sepamos quiénes fueron nuestros tatatarabuelos ni sus antecesores, ellos son el pasado de nuestra estirpe. Nuestros tataranietos serán los sucesores.

CAÑABRAVA: Esta planta que crece de manera silvestre tiene tallos muy fuertes. Por eso se usa para construir casas. Se organizan los tallos uno al lado del otro y se rellenan con barro. Así se forman las paredes y los techos.

VALSE: Esta palabra viene de vals, danza muy popular en Europa. Las parejas dan vueltas alrededor de la pista siguiendo los alegres ritmos. En América se bailaban los valses en las fiestas más elegantes.

ALMENDRO: En los calurosos pueblos de la costa atlántica colombiana no hay nada más sabroso que sentarse o echarse en una hamaca bajo un almendro. Estos árboles tienen unas hojas grandes y tupidas que protegen del sol y refrescan a quienes se refugian bajo su sombra.

HIRSUTO: ¿Alguna vez te han dicho que tu pelo parece hecho de espinas o que es tan duro como las púas? Pues así es la cabellera de José Arcadio Buendía: hirsuta, es decir puntiaguda y áspera.

ESPUMARAJO: Baba espesa que sale por la boca cuando estamos furiosos y descompuestos. Si alguna vez echas espumarajos, por favor usa tu pañuelo.

ALQUIMISTAS: ¿Eres buen cocinero? ¿Experimentas con los ingredientes para ver qué resultados consigues? Podrías estar a punto de convertirte en un alquimista. Estos eran investigadores que pretendían descubrir cómo transformar la materia, en algo maravilloso. Si dices unas palabras mágicas cuando estés cocinando, seguro todo te saldrá mejor… y te parecerás un poco a los antiguos alquimistas.

ANAFES: Esta palabra parece muy difícil pero su significado es muy fácil: es una pequeña estufa portátil como las que usas cuando acampas.

ESCORBUTO: Esta enfermedad de las encías es el resultado de la falta de algunos componentes en el organismo. Si lees episodios de la historia de Colombia, encontrarás que los conquistadores con frecuencia estaban sin dientes por culpa del escorbuto. En los barcos antiguos no había refrigeración así que los navegantes comían lo que se podía. El gitano viajero Melquíades con seguridad se alimentaba muy mal y por eso sufría de escorbuto.

BEGONIAS: Floridas plantas de tierra caliente que duran mucho tiempo. Son usadas para adornar los jardines combinando sus bellos colores. Cuando visites a tus abuelos pregunta si en sus jardines han sembrado begonias.

MENESTERES: Todo, todo, todo lo que encuentres en tu casa hace parte de la lista de menesteres: ollas, mesas, cobijas, lámparas, cepillos, manteles… Solo mira a tu alrededor dentro de una habitación para ver montones de menesteres.

ATANOR, PROBETA y ALAMBIQUE: Artefactos para la experimentación científica. La estufa, las ollas, las jarras y cuanto aparato encuentras en la cocina pueden considerarse como los modernos utensilios de investigación.

CIÉNAGA: Casi un mar pero de agua dulce, lejos de la playa. En Colombia hay varias ciénagas. La más grande es La Mojana que circula por los departamentos de Bolívar, Sucre, Antioquia y Córdoba. En verano las aguas se secan y aparecen grandes fincas ganaderas. En tiempos de lluvia, la ciénaga crece e inunda todo. Entonces uno navega y en lugar de vacas encuentra peces. En lugar de troncos de árboles, encuentra las ramas más altas.

TREPIDATORIA: Temblor tan fuerte que parece un terremoto. Prueba a sacudirte sin detenerte para que te hagas una idea de lo que es la trepidatoria.

HISOPO: ¿Alguna vez te han limpiado las heridas con un palito que tiene en la punta una mota de algodón? Eso es un hisopo. Es usado por madres y abuelas… y por los científicos cuando trabajan en sus laboratorios.

GUARNICIÓN: Antiguamente eran los que cuidaban los palacios de la realeza europea. Hoy en día es un término usado en los ejércitos para mencionar a un grupo de soldados.

ESTRICNINA: Muy poderoso veneno usado para matar ratas y ratones. Es necesario que se guarde bien, lejos del alcance de los niños, para evitar accidentes.

ACHIOTE: Planta americana de bello color rojo. Si mueles sus semillas y las vuelves polvo, tendrás un colorante vegetal que te servirá para cocinar, pintar o preparar tu propia plastilina.

POLLERINES: Faldas muy amplias que usaban nuestras abuelas costeñas. Realmente se veían muy elegantes. Busca fotos en el álbum familiar para que veas bellos pollerines con encajes, al estilo de las matronas del pasado.

DESVENTURAS: Mala suerte, tristezas, problemas graves, desgracias. Todo eso que te causa sufrimiento puedes llamarlo desventura.

ESTROPICIO: Cuando juegas con la pelota dentro de la casa y rompes el florero más bonito del comedor, eso es un horrible estropicio desde el punto de vista de tu mamá aunque a ti no te parezca tan grave. Mejor juega donde nada se pueda romper para evitar que hagas estropicios.

Vasco, Irene, 1952-
　　Expedición Macondo / Irene Vasco ; ilustrador Rafael Yockteng. -- Bogotá : Penguin Random House, 2015.
　　64 páginas : ilustraciones ; 21 x 27 cm. -- (Colección la biblioteca)
　　Incluye bibliografía.
　　ISBN 978-958-8662-72-5
　　1. García Márquez, Gabriel, 1927-2014 2. Cuentos infantiles colombianos 3. Literatura infantil colombiana 4. Macondo (Magdalena, Colombia) - Cuentos infantiles I. Yockteng Benalcazar, Rafael Fabrice, 1976-　, ilustrador II. Tít. III. Serie.
I863.6 cd 21 ed.
A1480012

　　CEP-Banco de la República-Biblioteca Luis Ángel Arango

Expedición Macondo
Primera edición: abril, 2015
Sexta reimpresión: diciembre, 2019
Séptima reimpresión: agosto, 2023
Octava reimpresión: febrero, 2025

© 2015, Irene Vasco
© 2015, Rafael Yockteng por las ilustraciones
© 2015, de la presente edición en castellano para todo el mundo:
© 2015, Penguin Random House Grupo Editorial, S. A. S.
Carrera 7ª No.75-51. Piso 7, Bogotá, D. C., Colombia
PBX: (57-601) 743-0700

Penguin Random House Grupo Editorial apoya la protección de la propiedad intelectual y el derecho de autor. El derecho de autor estimula la creatividad, defiende la diversidad en el ámbito de las ideas y el conocimiento, promueve la libre expresión y favorece una cultura viva. Gracias por comprar una edición autorizada de este libro y por respetar las leyes del derecho de autor al no reproducir, escanear ni distribuir ninguna parte de esta obra por ningún medio sin permiso previo y expreso. Al hacerlo está respaldando a los autores y permitiendo que PRHGE continúe publicando libros para todos los lectores. Por favor, tenga en cuenta que ninguna parte de este libro puede usarse ni reproducirse, de ninguna manera, con el propósito de entrenar tecnologías o sistemas de inteligencia artificial ni de minería de datos.

Impreso en Colombia-*Printed in Colombia*

ISBN: 978-958-8662-72-5

Compuesto en Gargle

Impreso por Editorial Nomos, S.A.